Index

Trading Operativo en el Forex 3
Capítulo 1 – ¿Qué es Forex Trading? 7
  ¿Cómo nace el Forex? 10
  Principales beneficios 17
  Jugadores en el mercado Forex 21
  La gestión del capital 29
  Los índices del Forex Trading 35
  Horarios en el cual hacer trading 39
  Forex en América 40
  Forex en Europa 41
  Forex en Asia 42
Capítulo 2 – Los pedidos en Forex Trading .. 44
  Stop Loss 45
  Take Profit 48
  Los pedidos en el mercado 52

Limite de pedidos 53

Capítulo 3 – Análisis Fundamental y Análisis Técnico 57

Análisis Fundamental: Indicadores Macroeconómicos 61

Los tres pilares del Análisis Técnico 65

La Teoría de Dow 68

El Momentum y la Secuencia de Fibonacci 76

Sobrecompra y sobreventa 80

Capítulo 4 – Los Indicadores y osciladores .. 83

Las Medias móviles 84

Las Bandas de Bollinger 85

El Relative Strenght Index 87

El Adverage Directional Index 88

El oscilador estoico 90

Conclusiones 92

Trading Operativo en el Forex

El mercado Forex es el mercado financiero más grande del mundo, donde millones de dólares en transacciones de divisas se llevan a cabo todos los días. Es un mercado justo, que no es maniobrable por ninguna institución o gobierno, que cambia exclusivamente en relación con las fluctuaciones del tipo de cambio entre monedas.

El comercio de divisas consiste en comprar una moneda al mismo tiempo que se vende otra, ya que las cotizaciones de divisas se componen de pares, como el par Euro-Dollar. En el par, las dos monedas asumen roles diferentes, ya que una indica la moneda base, mientras que la otra representa la moneda cotizada. El elemento fundamental que los une es el precio de cambio.

El mercado Forex, así como el mercado de trading en general, atrae a un número creciente de inversores. Sin embargo, hay una gran confusión en este sentido, ya que hay una diferencia sustancial entre Forex y el comercio de acciones. Forex es un mercado que se basa en el comercio de divisas, mientras que el trading se basa en el comercio de valores como acciones o bonos en la Bolsa de Valores. En comparación con el comercio de acciones, Forex tiene horarios de apertura más flexibles, ha reducido las tarifas para atraer a más inversores, proporciona un número relativamente pequeño de pares de divisas para facilitar la elección de los operadores, y tampoco tiene limitaciones o restricciones.

Otro punto a favor del mercado Forex es la ausencia total de intermediarios, con la consiguiente reducción en los costes de funcionamiento de las plataformas, que sólo sirven para la conexión con el mercado. La elección entre los dos sistemas de inversión no es sencilla, sobre todo si no tienes experiencia en el sector, pero para tomar ambos caminos siempre se recomienda realizar un cuidadoso trabajo de estudio, con perseverancia y compromiso, porque sólo con sacrificio se puede tener éxito.

El comercio de Forex es capaz de garantizar una mayor estabilidad en relación con eventos que pueden afectar al mercado, por lo que empezar a invertir en él su capital podría resultar un buen movimiento, pero es esencial nunca perder de vista los límites y las reglas del sentido común y la prudencia.

Capítulo 1 – ¿Qué es Forex Trading?

Forex es un mercado que incluye todos los intercambios financieros que tienen lugar entre las diversas partes, en particular entre prestamistas y operadores. Esta es precisamente la razón por la que Forex, también conocido como el mercado de divisas, es considerado el mercado financiero más grande de todo el planeta.

Su nombre proviene de la unión de dos palabras: la primera es Foreign, que literalmente significa "extranjero", mientras que la segunda es Exchange, o "intercambio". Por lo tanto, Forex no es más que un mercado basado en el intercambio de divisas extranjeras. Los números para el mercado Forex son realmente increíbles: todos los días, de hecho, el intercambio de efectivo realizado en su interior asciende a más de 5 billones de dólares estadounidenses.

Una de sus principales características, que lo distingue de cualquier otro mercado de valores en el mundo, es su falta de límites por hora, ya que es posible operar en cualquier momento durante el día y la noche. Esto no debe subestimarse: los traders pueden, de hecho, aprovecharse en tiempo real de las consecuencias generadas por los acontecimientos internacionales, ya se refieran al mundo de la política, la sociedad o la economía.

Lo que también distingue a Forex es la ausencia total de una ubicación financiera. Esto significa que los precios de los instrumentos financieros negociados en él simplemente reaccionan al mercado de acuerdo con la ley normal de la oferta y la demanda.

Los traders deben actuar con prontitud sobre la interpretación de este mecanismo, y jugar hacia arriba si aumenta la demanda del producto observado, o a la baja si no. La ausencia de una ubicación real ha llevado a Forex a ser conocido en todo el mundo como un mercado "sobre el mostrador".

¿Cómo nace el Forex?

El nacimiento del mercado Forex se remonta a 1944, después de los acuerdos de Bretton Woods en New Hampshire, entre los EE.UU., Francia y el Reino Unido. El objetivo de esta reunión era fortalecer las economías individuales de los Estados participantes, a través de una política monetaria internacional, que incluyera la inclusión de procedimientos y normas bien definidos. Forex es por lo tanto el primer mercado en el mundo, el resultado de una negociación política, creado con el objetivo de regular las relaciones económicas entre las diversas naciones del mundo.

Hubo dos proyectos presentados para reconstruir el sistema monetario y financiero: el primero, llamado Proyecto

Blanco, fue presentado por el estadounidense Harry Dexter White, el segundo, llamado Proyecto Keynes, fue presentado por el inglés John Maynard Keynes.

El Proyecto Blanco se centró en la formación de una nueva entidad que financiaría a todos los países miembros sobre la base de los derechos de capital firmados por cada uno de ellos, en un sistema basado en el dólar estadounidense. En su lugar, el Proyecto Keynes preveía el establecimiento de una nueva moneda, denominada Bancor, con la que los distintos países tendrían que compensar sus deudas y créditos, sobre la base de su peso económico en el comercio internacional evaluado como promedio de los últimos tres. Se hizo un compromiso entre los dos proyectos, pero el Plan Blanco asumió más peso.

La primera consecuencia fundamental fue el establecimiento del Fondo Monetario Internacional y el Banco Mundial como entidades con funciones de apoyo y supervisión de la economía mundial. Además, los acuerdos de Bretton Woods sancionaron por primera vez la sustitución de la libra esterlina por el dólar estadounidense como moneda de referencia para el tipo de cambio. El valor del dólar estaba anclado al de oro: una onza tenía un precio de 35 dólares. Los Estados miembros de estos acuerdos tenían la obligación de controlar las fluctuaciones monetarias nacionales frente al dólar, manteniéndolas por debajo de un punto porcentual.

Los años más significativos para Forex, sin embargo, fueron entre 1950 y 1960: en estos años un gran número de traders entraron en el mercado y el volumen de comercio aumentó considerablemente. El sistema monetario creado como resultado de los Acuerdos de Bretton Woods demostró ser eficiente desde su establecimiento hasta principios de la década de 1970. Las normas establecidas permitían alcanzar los objetivos y regularización del mercado, evitando conflictos. En estos años, sin embargo, los Estados Unidos se enfrentaron a eventos que afectaron en gran medida el gasto público nacional, como la guerra de Vietnam y el costoso programa social de la Gran Sociedad. En esta situación, la deuda pública coincidió con un aumento en las solicitudes de conversión por parte de los inversores de reservas de oro. Por esta razón, en el verano de 1971, el presidente Nixon decidió suspender esta convertibilidad consagrada en acuerdos anteriores, anunciando esta decisión en Camp David.

Así que a finales de 1971 el G10 finalmente puso fin al sistema construido como resultado de los acuerdos de Bretton Woods: comenzó el sistema dictado por el Smithsonian, con la necesaria devaluación del dólar estadounidense y la consecuente fluctuación de los tipos de cambio. Acuerdos, basado en tipos de cambio flexibles. Sin embargo, la introducción del nuevo sistema monetario, con la evidente reducción del precedente, no ha dado lugar a la desinversión de las instituciones fundadas en 1944, que, fuera del GATT, siguen existiendo en la actualidad.

Los años siguientes al anuncio de Camp David se caracterizan por el protagonismo dentro del Forex de los bancos y tecnologías internacionales. En particular, desde 1980, los volúmenes de comercio han aumentado, gracias al aumento de la velocidad y la expansión de las horas de funcionamiento. Los costos y tarifas asociados con el trading, sin embargo, parecían ser un obstáculo para muchos insuperables, y por esta misma razón, hasta la década de 1990, Forex todavía se consideraba un mercado reservado sólo para unos pocos, especialmente los bancos y aquellos con altos recursos económicos. Sin embargo, la tecnología ha vuelto a ser crucial para la evolución de Forex, ya que el advenimiento de

Internet ha permitido la apertura del mundo del trading incluso a los aspirantes a traders e inversores con recursos financieros limitados. De hecho, los costos se han ido reduciendo gradualmente y el trading se ha convertido cada vez más en un mercado abierto.

Principales beneficios

El trading Forex te permite operar en operaciones internacionales, con la posibilidad de obtener muchas ganancias. Muchos sujetos han logrado hacer que el trading en Forex sea un trabajo real. Pero lo que realmente diferencia a Forex de cualquier otro mercado son las ventajas asociadas con su negocio.

La principal ventaja es el bajo costo de las comisiones. El trading online ha reducido esta carga que había caracterizado al mercado financiero durante años. Las tarifas en Forex hoy en día son para el broker que elijas utilizar para hacer tu negocio, pero son mínimas, en cualquier caso. Una ventaja adicional es la plena autonomía en poder del trader. La decisión de abrir una posición, cerrarla, operar en persona o confiar en sistemas automatizados está en plena libertad de todos los inversores.

En el comercio moderno, de hecho, la figura del intermediario ha desaparecido casi por completo, gracias a la capacidad de actuar a través de simples clics directamente en el mercado. Esto es posible ya que Forex está equipado con una liquidez de mercado muy alta, lo que permite a los traders permanecer activos en el comercio en cualquier momento, comprando y vendiendo posiciones en el mercado.

Otra consecuencia ventajosa de la llegada de la tecnología en los mercados financieros y en particular en Forex es la posibilidad de operar en cualquier momento del día o de la noche, durante hasta cinco días a la semana, excluyendo el fin de semana durante el dónde todos los mercados financieros del mundo están cerrados. El trading moderno permite a los operadores realizar sus propias inversiones, asignando pequeñas cantidades para cada transacción. Esto es posible gracias a la herramienta de apalancamiento disponible por los brokers, que te permite abrir posiciones con valores significativamente superiores a la cantidad invertida.

La llegada de los teléfonos inteligentes y tabletas ha permitido a los traders ampliar el concepto de trading. Las operaciones se pueden gestionar fácilmente desde cualquier lugar, con el único requisito de tener una conexión a Internet estable. De esta manera, se aprovechan al máximo las posibilidades de los cambios de precios, en consecuencia, los beneficios aumentan.

Por lo tanto, ya no es necesario que el trader vaya físicamente al banco o, en general, a la entidad financiera para llevar a cabo su transacción. El repentino aumento en el número de aspirantes a traders, que se enfrentan al mundo de Forex a menudo sin una base estadística y financiera suficiente, ha llevado a los brokers a crear demostraciones libres que les permiten simular la actividad comercial utilizando un "Es bueno que podamos hacer eso", dijo.

El trading, por último, a menudo se ve erróneamente como una actividad insegura. De hecho, todo lo que sucede dentro del Forex es constantemente monitoreado y verificado por los organismos de supervisión y control. Cada broker puede obtener diferentes certificaciones, para garantizar la calidad del servicio ofrecido y la honestidad del negocio. Esto se puede traducir como garantía total en la inversión que harás.

Jugadores en el mercado Forex

Con el fin de entender completamente Forex, es esencial saber quiénes son los sujetos que, más o menos activamente, participan en el movimiento de precios y la definición del punto de encuentro entre la oferta y la demanda. Durante muchos años, sin embargo, el mercado financiero más grande del mundo ha estado abierto a sólo unos pocos inversores con ciertos requisitos económicos. Afortunadamente, la web marcó la apertura definitiva de Forex a todos los individuos previamente excluidos, independientemente de la finalidad para la que decidieron entrar en este mercado o las formas en que invierten.

Generalmente los sujetos deciden operar sólo con fines especulativos, pero una pequeña porción de los partidos activos participa en Forex con el objetivo de convertir dinero en monedas distintas de la que posee. Los principales actores de Forex son los Merchant Bank, más simplemente conocido como bancos de negocios.

Estas personas realizan una serie de funciones: en primer lugar, como prestamistas, realizan un servicio de asesoramiento financiero y, en segundo lugar, gestionan activos, a veces considerables, de entidades privadas. No es posible que los ciudadanos privados depositen fondos en Merchant Bank. Los expertos consideran que estas entidades son la parte fundamental de todo el mercado Forex, ya que, al explotar el interés, permiten mover alrededor del 50% de todo el volumen de operaciones realizadas.

Pero los bancos comerciantes no son los únicos bancos dentro de Forex. Los bancos centrales, que administran la política monetaria nacional y, sobre la base de las decisiones tomadas, influyen en las tasas de interés en el mercado Forex. Pero el poder hipotético de los bancos centrales es aún mayor que esto. Periódicamente hacen previsiones de las tendencias futuras del mercado y sobre la base de estas estimaciones los traders harán sus inversiones. Así que es una influencia indirecta, pero sigue siendo decisiva.

También hay instituciones que permiten a los traders agrupar capital individual en un único fondo de inversión, con el fin de llevar a cabo una única actividad comercial y distribuir los beneficios obtenidos entre los mismos traders sobre la base de los derechos de emisión otorgados. Estas instituciones se denominan Fondos Conjuntos de Inversión. Aparte de estos últimos son los llamados Fondos de Cobertura, que operan dentro de Forex tratando de aprovechar las transacciones con un vencimiento de corto plazo, asignando grandes inversiones. Los beneficios están garantizados, en el caso de una transacción positiva, gracias al efecto del apalancamiento, que es muy alto en este tipo de inversión. Para acceder a este tipo de fondos, sin embargo, una serie de requisitos que limitan tu participación son necesarios, además de una alta disponibilidad económica.

El mercado Forex también está abierto a las multinacionales, que utilizan el potencial del mercado para comprar ciertos productos o instrumentos financieros en una moneda determinada, para venderlos inmediatamente, o en el momento adecuado, a otra moneda. Por lo tanto, su objetivo no es especulativo, sino reducir los costes de cambio.

Los traders representan la última categoría de jugadores activos en el mercado Forex. Por supuesto, sean inversores profesionales o no, actúan con fines de lucro personal puro. Los traders privados no disfrutan de grandes ventajas, que están especialmente reservadas para otras partes. No pueden obtener noticias de vista previa sobre ciertas transacciones y no pueden disfrutar de spreads reducidos. Sin embargo, hay dos categorías adicionales de individuos que a menudo se les escucha ser nombrados dentro del mercado Forex, a saber, osos y toros. Estos dos animales representan simbólicamente a aquellos que voluntariamente influyen en las tendencias del mercado. Los toros son los que quieren un mercado al alza, para aprovechar al máximo su entrada en Forex con transacciones a largo plazo. Los osos, por otro lado, son vendedores más simplemente activos de Forex, que por lo tanto tienden a un mercado a la baja para obtener beneficios de las operaciones comerciales llevadas a cabo. Por lo tanto, el mercado fluctúa de acuerdo con la fuerza de estas dos categorías, que continuamente empujan la tendencia hacia arriba o hacia abajo. Por supuesto, un dominio de los toros daría lugar a una tendencia positiva, con los puntos máximos y mínimos alcanzando niveles cada vez más altos, mientras que un dominio de los osos conduciría a una situación simétricamente opuesta. Es conveniente para los traders que una de las dos fuerzas prevalezca sobre la otra, ya que en el caso de un equilibrio uno se encontraría en una de las llamadas fases laterales del mercado, durante el cual obtener beneficios resultaría complejo.

El nombre dado a los compradores activos y vendedores de Forex proviene del modo de ataque de estos dos animales: el toro de hecho tiende a enmarcar al retador con un movimiento que va de abajo hacia arriba, mientras que el oso tiende a atacar a la presa usando sus patas, por lo tanto, con un movimiento que va de arriba abajo. La opinión general que se crea combinando las opiniones de cada sujeto activo presente en Forex se llama sentimiento de mercado. Por lo tanto, los traders tendrán que estudiar y profundizar cuál es la actitud dominante presente en el mercado en ese momento preciso, con el fin de adivinar cuál puede ser la tendencia futura.

La gestión del capital

El trading es una actividad en la que se debe contemplar el riesgo. Esto significa que las posiciones de apertura pueden aportar beneficios netos a medio y largo plazo, y dar lugar a grandes pérdidas, que afectan al capital asignado. Por lo tanto, para evitar abofetear todo el capital, es esencial implementar una estrategia dirigida a la gestión del capital, que se llama Gestión del Dinero.

El objetivo de este análisis es definitivamente llevar al traders a optimizar los beneficios y minimizar las pérdidas. Estos no pueden ser eliminados, ya que son inherentes al concepto mismo de comercio, pero tendrán que ser controlados y despalillados. No existen estrategias perfectas de gestión de capital, y cada teoría tiene fortalezas y debilidades. Casi todos, sin embargo, se basan en los mismos puntos clave, que se suponen como dogmas reales de Forex. La falta de una gestión del dinero o en cualquier caso la adopción de una estrategia inadecuada y poco estudiada seguramente empujará al trader a la bancarrota.

Es posible dividir la estrategia de gestión de capital en dos componentes, que se pueden analizar por separado pero que, de hecho, son inseparables entre sí. El primer componente es Gestión de Riesgos, que consiste en el análisis y estudio de cada posición que desea abrir en el Forex. El segundo componente es el tamaño de posición, que en su lugar tiene como objetivo identificar la cantidad de capital a asignar para cada operación que se llevará a cabo en el comercio. Por lo tanto, la gestión del dinero también es una gestión de riesgos. Es necesario saber que los beneficios necesarios para volver al capital inicial en caso de pérdida son proporcionales a la pérdida.

Uno de los conceptos más importantes de la gestión del dinero y el conjunto de Forex es el de la reducción. Esto no es más que la reducción de capital debido a una serie de transacciones negativas e indica, en términos porcentuales, el riesgo presente en la posición abierta. Es esencial no subestimar la reducción, ya que esto determina cuál es el límite, basado en el capital asignado y la cantidad de pérdidas, además de que se hace imposible continuar operando. Por lo tanto, una estrategia adecuada de gestión del dinero tiende a definir cuál es este límite, a fin de mantenerlo lo más lejos posible.

Como se mencionó, aunque variadas, todas las estrategias de Gestión del Dinero se basan en algunos aspectos esenciales. En primer lugar, cada trader debe tener una cantidad adecuada de capital inicial para la actividad comercial. Comenzando en un estado de subcapitalización, de hecho, puede llevar al trader, después de una serie inicial de transacciones negativas, a salir inmediatamente de Forex. Al mismo tiempo, debe definir cuál es el límite de capital asignado utilizable. Los expertos generalmente aconsejan que el capital total no debe exceder de dos tercios del capital total. Por esta razón también, es importante planificar inteligentemente las tareas a realizar. Abrir varias ubicaciones al mismo tiempo puede ser ventajoso, pero también muy peligroso. Una vez más el consejo es nunca invertir más del 20% del capital al mismo tiempo. Es importante tener en cuenta cuáles son los objetivos de cada operación. El trading debe llevarse a cabo determinando ya de antemano un límite máximo de pérdida, es decir, el llamado stop loss, y un nivel considerado de beneficio óptimo, es decir, la toma de beneficios: una vez que la tendencia pasa uno de los dos puntos, por diferentes razones, se recomienda cerrar la posición. La razón es tener en cuenta una relación de retorno al riesgo ni demasiado alto ni excesivamente bajo. A veces es arriesgado y contraproducente tratar de dejar que un beneficio corra demasiado, especialmente si el punto de toma de beneficios ya se ha superado. La tendencia podría cambiar la orientación y comenzar a producir pérdida, abofeteando la ganancia obtenida. Por esta razón, a veces es importante anticipar el cierre de una transacción positiva con el fin de asegurar un beneficio de todos modos.

La aplicación adecuada de su estrategia de gestión de capital permitirá a los traders permanecer en Forex a largo plazo, incluso durante las fases negativas de negociación. Si las transacciones negativas parecen no tener fin, la estrategia creada no es la correcta para Forex y por lo tanto será necesario redefinir los principios fundamentales de la Gestión del Dinero.

Los índices del Forex Trading

El número de contratos negociados dentro de Forex en un período determinado representa el volumen de la operación de mercado. Esta cifra es uno de los indicadores más importantes para los traders, siendo analizado antes de entrar en Forex y siendo decisivo para elegir si abrir o no una posición.

El volumen de comercio varía dependiendo de la tendencia del precio. Los mercados con bajos volúmenes de trading son fáciles de encontrar incluso gráficamente. Tienen una equivalencia sustancial del nivel de precios tomado en el momento de la apertura con los precios en el momento del cierre, además, las barras o velas que componen el gráfico son muy pequeñas en tamaño.

La característica principal de los mercados con altos volúmenes de negociación, por otro lado, es la considerable distancia entre máximos y mínimos, con barras o velas muy alargadas. Otro indicador es el llamado Porcentaje en Punto, conocido más simplemente por el acrónimo PIP.

Porcentaje en Punto es el cambio de precio sufrido por una moneda dada, por mínimo que pueda ser. Así que esta herramienta es fundamental para verificar cuál es la variación real, pero también nos permite saber cuáles son las ganancias y pérdidas. Sin embargo, el cálculo de PIP es muy simple. De hecho, mirando el valor tomado por el precio en dos momentos diferentes, el PIP corresponde a la diferencia entre el cuarto decimal de los dos valores.

Como se mencionó anteriormente, el mercado de comercio era en el pasado profundamente diferente. De hecho, con el fin de invertir en Forex, los brokers requerían costos y tarifas de acceso muy altos, por lo que tenían una especie de función de selección y control en la actividad llevada a cabo por los traders. Internet también ha permitido que otras personas se conviertan en brokers en Forex y esto ha llevado a una reducción natural en los precios del acceso al mercado. Esto fue posible gracias al apalancamiento, que permitió a los traders operar en lotes de Forex tomando dinero en forma de un préstamo directamente del broker elegido para operar. El apalancamiento se expresa en forma de una proporción, en la que el primer número representa el valor móvil máximo, mientras que el segundo número es la referencia del valor invertido. Así que en una proporción de 400:1 por cada euro invertido es posible mover una cantidad máxima de 400 euros. Por supuesto, la expansión permitida en las ganancias de apalancamiento también se refleja en las pérdidas. Así que, con esta herramienta, tanto el rendimiento como el riesgo crecen. Por esta razón, si operas con apalancamiento, se convierte en esencial establecer con gran racionalidad el stop loss y tomar puntos de beneficio, lo que asegurará un equilibrio a la inversión.

Horarios en el cual hacer trading

Una de las características que impulsa a los traders a invertir en el mercado Forex es la posibilidad de poder invertir en cualquier momento, hasta cinco días a la semana. Específicamente, el Forex abre a las 23:00 del domingo, teniendo en cuenta la hora italiana, y cierra al mismo tiempo el viernes. Hay días que permiten a los traders más beneficios, y son aquellos durante los cuales hay un alto volumen de operaciones y una alta tasa de volatilidad. La combinación de estos dos factores garantiza una tendencia mucho más obvia, pero al mismo tiempo la alta volatilidad induce un aumento en la tasa de riesgo, causado por la alta imprevisibilidad del movimiento de los precios. Durante el horario de apertura, sin embargo, Forex también presenta momentos en los que la volatilidad y el volumen de negociación toman valores tan bajos que parece inútil invertir o abrir posiciones: estos son los momentos que siguen a la apertura del mercado el domingo. Sin embargo, puedes distinguir tres sesiones diferentes, que se alternan a lo largo del día.

Forex en América

El horario de apertura de Forex para la sesión americana es a las 14:00 hora italiana, mientras que la hora de cierre es las 23:00. El mercado estadounidense permite un volumen de trading muy alto. Además, la superposición y el comercio simultáneo entre la sesión americana y la sesión europea garantizan una situación favorable. Durante esta sesión los traders deben esencialmente tener en cuenta dos horas: la primera es 18:00, la segunda es 20:00, siempre sobre la base de la hora italiana. De hecho, en estos momentos la FED, o el Banco Central de los Estados Unidos, hace anuncios que podrían alterar las tendencias. Por lo tanto, el consejo es operar sólo el dólar estadounidense y el dólar canadiense una vez que haya pasado el momento del primer anuncio hecho por el Sistema de la Reserva Federal.

Forex en Europa

La sesión en Europa se abre a las 8:00 a.m. La principal característica de este mercado es la presencia de movimientos decisivos e importantes, que se producen principalmente a partir de las 9:00 a.m. De hecho, a partir de este momento, las noticias de los cambios en el tipo de cambio de las divisas comenzaron a llegar a los mercados, cambiando la tendencia de las tendencias actuales. En este mercado, los mayores beneficios son proporcionados por las operaciones realizadas en las operaciones en euros y francos suizos.

Forex en Asia

La sesión asiática tiene horarios que coinciden con los de la sesión americana y los de la sesión europea. Forex en Asia, de hecho, se abre a la hora de cierre de la Forex americana, es decir, a las 23:00 y cierra justo cuando en Europa es la hora de apertura, es decir, 8:00. Puede ser la sesión que maneja los volúmenes de trading más mínimos, pero tiene grandes mercados que son fundamentales para todo Forex, como los de Tokio y Hong Kong. Con un tiempo de actividad que no es influyente en el mundo desde un punto de vista macroeconómico y financiero, la tendencia parece estar tomando una tendencia lineal, que no presenta fluctuaciones excesivas o choques reales, a menos que haya eventos reales atroces.

Capítulo 2 – Los pedidos en Forex Trading

En el mundo del Forex Trading online, puedes colocar una variedad sustancial de pedidos, seleccionando las herramientas con las que deseas operar y estudiando las tendencias de los distintos mercados en tiempo real a través del uso de folletos gráficos.

Para operar en estos mercados, por lo tanto, es necesario tener una comprensión de los diversos pedidos que se pueden colocar en las diversas plataformas de negociación, con el fin de dar al broker indicaciones precisas que permiten resultados positivos. La principal tipología son los stop loss, los take profit, los pedidos en el mercado y los límites de pedidos.

Stop Loss

Los Stop Loss son una herramienta clave para que los traders administren el riesgo relacionado con Forex, lo que le permite limitar las pérdidas que pueden resultar de un mercado negativo. Por esta razón se hace una orden de protección, a través de la cual se establecerá el valor máximo de pérdida de capital que el trader está dispuesto a tolerar para una sola posición abierta. Esta orden debe ser establecida por el trader antes de la ejecución de las diversas operaciones de apertura y será ejecutada completamente automáticamente por la plataforma Forex utilizada.

Cuando la tendencia alcanza el nivel fijo de stop loss, la posición se cerrará automáticamente para evitar que las pérdidas alcancen un nivel que erosione irreparablemente el capital. Para establecer el punto de stop loss, es necesario supervisar la volatilidad de los principales pares de divisas: si la orden es de importancia mínima, puede haber pequeñas pérdidas, viceversa, para las órdenes más altas, las pérdidas podrían comprometer la beneficios de los traders.

A través de stop loss es posible salvaguardar las inversiones de los cambios repentinos en el mercado, determinando con precisión la pérdida máxima alcanzable sobre la base de su estrategia de comercio de Forex, gestionando el riesgo de la manera más adecuada. Las mayores pérdidas se producen cuando la operación se cierra y la orden de stop loss se ha ejecutado en un momento en que el mercado está pasando por una fase de cambios que podrían generar beneficios en su lugar. En este caso, puede establecer la estrategia para que se abran posiciones adicionales para recuperar las pérdidas en las que se haya incurrido anteriormente. Sin embargo, incluso este sistema puede resultar un fracaso, ya que el mercado a menudo sufre cambios tan rápidos, debido a la propagación de noticias financieras importantes, que no es capaz de obtener beneficios, lo que conduce a nuevas pérdidas.

La orden de stop loss es, por lo tanto, la base de la construcción de una estrategia comercial eficiente. Por esta razón, se generarán tres sistemas de stop value, basados en la volatilidad de la operación: un sistema con un alto stop para casos de alta volatilidad, un sistema de baja parada para casos de baja volatilidad, un sistema intermedio. Los sistemas de trading automatizados analizan las señales para evaluar el nivel en el que se debe establecer la pérdida de la parada. Los traders no siempre se adhieren a las órdenes de stop loss establecidas, pero continúan manteniendo las posiciones de pérdida abiertas con la esperanza de que la tendencia cambiará su tendencia y convertir las pérdidas en beneficios. Sin embargo, esta interferencia en la estrategia implementada sólo generará mayores pérdidas, poniendo todo el capital en riesgo.

Take Profit

El segundo tipo de orden fundamental para la gestión de las operaciones comerciales en Forex es la toma de beneficios (take profits). Se encuentra en contraposición a detener las pérdidas e indica el nivel de protección de los beneficios. Al igual que el stop loss, debe establecerse antes de realizar operaciones en el mercado, basado en la estrategia del trader y la disponibilidad financiera. En cierto sentido, es un límite de ganancia, que se activa una vez que se alcanzan los niveles previamente establecidos, para evitar que los cambios del mercado erosionen esas ganancias y anulen lo que se ha hecho hasta ahora. Por lo tanto, la toma es una función puramente prudente.

Al mismo tiempo, un trader puede dudar de que el comercio, una vez que ha excedido el nivel de take profit, puede continuar en su tendencia positiva y el cierre de la posición temprana podría resultar ser una oportunidad perdida. Pero la tarea del take profit también se puede entender como un límite a la codicia del trader, que podría conducir a mayores ganancias, pero también grandes pérdidas.

La emoción humana es una característica que en el mundo de Forex debe ser completamente puesta a cero. La codicia es, por supuesto, uno de los sentimientos que se deben eliminar, y dejar una carrera de ganancias significa enfrentar un riesgo que se vuelve cada segundo más alto. Sin embargo, elegir el lugar exacto donde colocar el take profit no es fácil. La elección puede depender esencialmente de la motivación que impulsa al trader a realizar una determinada inversión, que se puede rastrear principalmente a dos casos: el primero se refiere a la identificación de una determinada figura gráfica que la tendencia va a completar; El segundo está relacionado con la búsqueda de la tendencia emprendida por la tendencia. Si el trader ha identificado una cifra parcial mediante el análisis del gráfico de fluctuación de precios, invirtiendo en la conclusión de la tendencia, el take profit tendrá que ser fijado en el punto donde se supone que termina la representación que determinó apertura de la posición. La decisión de dónde fijar el take profit en caso de que el trader abra la posición con el fin de seguir una cierta tendencia está en su lugar subordinado a los niveles de soporte y resistencia.

Estos son puntos clave, ya que se supone que en las áreas donde la tendencia está presente, puede invertir su tendencia. Por supuesto, si la inversión se refiere a una transacción de compra, el take profit tendrá que colocarse por debajo del nivel de resistencia; por el contrario, en una operación de venta, el take profit tendrá que fijar algunos puntos por encima del nivel de soporte.

Los pedidos en el mercado

Los pedidos en el mercado deben concebirse como comunicaciones que cada trader envía a su broker: la comunicación se trata de la voluntad de comprar al precio de venta presente en un momento dado, o de vender al precio de compra cuando se abre la operación. Para simplificar, en los pedidos de mercado el precio de oferta se indica mediante la abreviatura ASK, mientras que el precio de demanda con el acrónimo BID; la diferencia entre los dos valores de precio se conoce como SPREAD. La orden de mercado no requiere ningún requisito para ser ejecutado, excepto la voluntad del trader, y su apertura es inmediata. Sin embargo, es posible distinguir dos tipos diferentes de órdenes en el mercado, en primer lugar, las llamadas órdenes largas, además de las llamadas órdenes cortas. El primer tipo se refiere a las órdenes de compra que el trader decide ejecutar cuando madura la creencia de que el precio del instrumento observado puede aumentar en períodos posteriores. El segundo tipo representa una categoría de pedidos que se pueden rastrear hasta la venta en corto plazo. Estos tipos de órdenes son ejecutadas por el trader en el momento en que asume que la tendencia puede moverse hacia abajo en el muy corto plazo.

Limite de pedidos

Si las órdenes de mercado no requieren ningún requisito particular para ejecutarlas, las órdenes limitadas requieren que se produzca un evento determinado para ser ejecutada. La plataforma de negociación utilizada colocará la inversión inmediatamente, lo mismo se hará sólo en caso de que la tendencia del precio supere el límite que el trader ha establecido previamente. Puede ejecutar cuatro tipos diferentes de órdenes límite.

El primer tipo se llama The Buy Limit, y es una orden que se utiliza en caso de que el trader espere que la tendencia del precio continúe la tendencia a la baja. Sin embargo, la transacción se llevará a cabo abriendo una posición de compra en el momento en que la tendencia superará un cierto límite, anticipando así la reversión de las tendencias. Para realizar tal pedido, la condición debe fijarse en un valor de precio inferior al del momento de la finalización de la inversión.

Una segunda categoría es la orden Buy Stop. El trader, en este caso, espera que el precio continúe subiendo, pero abrirá una posición larga sólo después de que la tendencia ha alcanzado un cierto límite. En este caso, el nivel límite debe establecerse en un punto superior al valor propiedad del precio cuando se abre la posición.

Las órdenes Sell Limit se utilizan si el trader tiene la intención de abrir una posición corta, pero antes de abrir la posición quiere asegurarse de que la tendencia a la baja alcanza un cierto nivel. Una vez más el requisito que determina la realización real de la negociación es el logro de una condición establecida en un valor inferior al que posee el precio en el momento de la orden.

El último tipo de órdenes es Sell Stop orders. El trader espera que el precio continúe su tendencia al alza, pero, una vez que alcanza un cierto límite, invierte su tendencia. Por lo tanto, el punto en el que se establece la detención de venta debe estar en un nivel superior al valor del precio en el momento en que se coloca la orden.

Capítulo 3 – Análisis Fundamental y Análisis Técnico

En el mundo forex, el estudio de todos los eventos macroeconómicos que son capaces de manipular, o al menos influir en las tendencias de precios, y toda la tendencia del mercado es muy importante. Este tipo de examen se llama análisis macroeconómico, pero es conocido por todos los traders como análisis fundamental.

El propósito del análisis fundamental es identificar noticias económicas sobre un país en particular y tratar de entender cuánto afectan los anuncios de esas noticias al valor de la moneda negociada en ese país. El Análisis Fundamental, sin embargo, se refiere a un calendario económico, que contiene todos los acontecimientos, identificados tanto según un criterio cronológico como según un criterio nacional, que podría afectar al nivel de las diferentes monedas.

La web ahora abunda en calendarios económicos, más o menos detallados, y es más fácil para los traders localizar y esperar noticias económicas. Los calendarios económicos más completos permiten comparar los datos de un evento económico con los presentes el mismo día en años anteriores, pero también con los esperados para el año en curso, con el fin de proporcionar a los trades un panorama claro y completo, sobre el cual llevar a cabo un estudio en profundidad del Análisis Fundamental.

Las herramientas necesarias para llevar a cabo un análisis fundamental adecuado son los indicadores macroeconómicos. Saber si hay o no una cierta noticia económica es, por lo tanto, el primer paso que cada trader, profesional o no, debe dar antes de operar. Si el Análisis Fundamental estudia las noticias económicas y su impacto en el mundo de Forex, el Análisis Técnico, a través de un análisis detallado de las tendencias de precios dentro del mercado, tiene como objetivo definir cuál es el comportamiento de la ellos mismos en el futuro lejano.

El Análisis Técnico, para ello, se confía a diferentes herramientas estadísticas, pero también tiende a evaluar comportamientos humanos que, según esta teoría, afectan más que cualquier otra cosa a las oscilaciones de las tendencias. Por lo tanto, el objetivo principal del análisis técnico es identificar y analizar todos los posibles niveles de entrada y salida del mercado de tal manera que, gracias a ciertos instrumentos cada vez más avanzados tecnológicamente, el trader pueda elegir la mejor entrada.

Hay esencialmente dos herramientas en las que se basa el Análisis Técnico: en primer lugar, los indicadores técnicos, que, sobre la base de los datos estadísticos en su poder, proporcionan información interesante sobre la tendencia de los precios; en segundo lugar, las herramientas gráficas, que funcionan más en la parte visual, para dar al trader una imagen clara del rendimiento del mercado. Por supuesto, ambas herramientas necesitan un software de análisis que pueda recibir los datos y externalizarlos de la mejor manera posible para que pueda ser entendido por el trader. Estos escandalosos software están fácilmente disponibles en la web, pero a veces el trabajo hecho no es lo suficientemente claro y detallado, especialmente si se trata de software descargado de forma gratuita de Internet.

Análisis Fundamental: Indicadores Macroeconómicos

Como se mencionó anteriormente, el análisis fundamental basa su eficacia en algunos indicadores macroeconómicos. El primero de estos indicadores es sin duda el Producto Nacional Interno Bruto, también conocido por el acrónimo PIB. Este indicador se da por la suma de todos los bienes y servicios que se producen dentro de las fronteras nacionales durante un período de tiempo determinado, con el fin de ser consumidos.

El Producto Interno Bruto tiene una influencia significativa en Forex, ya que un aumento en el número de divisas es una fase positiva, pero una reducción está estrechamente relacionada con una contracción en el mercado. Un segundo indicador macroeconómico muy importante para el análisis fundamental es la cifra de producción industrial. Esta cifra, sin tener en cuenta el sector de la construcción, indica cuál es la producción relacionada con el sector industrial de un país determinado. Una vez más, al igual que con el PIB, la producción industrial y Forex son proporcionales y el aumento en el primero conduce a una fase de expansión de la segunda, mientras que una disminución resultaría en una fase negativa.

El análisis fundamental también puede basarse en un indicador que tiene como objetivo excluir todas las ventas indirectas, incluidos los servicios, del PIB y se denomina índice de ventas minoristas. Para este indicador macroeconómico, también, la relación con Forex es estrictamente proporcional. El indicador de orden de bienes duraderos se refiere al volumen expresado en la moneda nacional de bienes duraderos, es decir, aquellos bienes que ofrecen su utilidad a lo largo de varios años, como los automóviles, que han sido producidos por el sector manufacturero de un Nación. El mercado se fortalece cuando este indicador aumenta y se debilita cuando el indicador disminuye.

Las tasas de interés también se encuentran entre los indicadores macroeconómicos esenciales para el Análisis Fundamental, ya que afectan tanto a la política monetaria puesta en marcha por los bancos centrales como a las opciones económicas de un país. En este caso, los efectos de un aumento en las tasas de interés son el doble: inicialmente obtenemos un aumento en la tasa de volatilidad presente en Forex; esto resulta posteriormente en una expansión del mercado. Por otro lado, un recorte de la tasa hace que el mercado se debilite. A través de la relación entre la incidencia de la población ocupada y la población total de un país determinado, es posible conocer el indicador del empleo nacional. Los valores positivos de este indicador conducen a fases favorables del mercado, por el contrario, los valores negativos conducen a la disminución.

La diferencia entre las exportaciones y las importaciones, es decir, la balanza comercial nacional, es el último de los principales indicadores macroeconómicos que influyen en el mercado Forex.

Los tres pilares del Análisis Técnico

Como se mencionó anteriormente, el Análisis Técnico tiene como objetivo predecir la tendencia de los mercados financieros, para permitir que aquellos que deseen realizar transacciones de inversión puedan obtener más beneficios. Este análisis es muy complejo y se basa en tres supuestos básicos: los precios lo descuentan todo, el mercado se mueve por tendencias y la historia se repite.

La primera suposición indica que los precios en el mercado reflejan toda la información económica disponible, incluso los conocidos sólo como unos pocos. Por lo tanto, no es necesario investigar y analizar esta información, ya que ya está contenida en las fluctuaciones de precios.

La segunda suposición indica que las fluctuaciones de precios nunca son aleatorias, sino el resultado de la combinación de dos o más tendencias. El análisis técnico tiene como objetivo identificar estas tendencias y predecir su evolución a lo largo del tiempo. Por lo tanto, el trader en este análisis no debe pretender vender en los niveles máximos de precio o comprar en los niveles mínimos, pero tendrá que aprovechar la tendencia actual en ese momento.

En la tercera parte, la tercera presunción indica la ciclicidad de los resultados del mercado financiero. Esto se debe principalmente a la voluntad de los seres humanos de beneficiarse del comercio, lo que los lleva a repetir periódicamente los mismos comportamientos, a veces incluso de una manera frenética. Por lo tanto, es importante analizar las series históricas, que tienden a identificar patrones de precios útiles para entender cuál puede ser la tendencia en el futuro. Los supuestos de análisis técnico no garantizan la infalibilidad de las previsiones, pero tienen como objetivo formular previsiones con una tasa de corrección de al menos el 70%, para poder saber se avalar incluso en los mercados financieros más hostiles.

La Teoría de Dow

El análisis técnico moderno es el resultado de una serie de estudios realizados por Charles Dow, un periodista que a principios del siglo XX publicó una serie de teorías relacionadas con el análisis de los mercados financieros en el Wall Street Journal. Estas teorías se han utilizado como base para el estudio y el examen de doctrinas adicionales, precisamente debido a la eficacia y adaptabilidad mostradas también para los sistemas presentes en los mercados modernos.

La Teoría dow se basa en la idea de que las fluctuaciones de precios no dependen de factores puramente aleatorios, sino que dependen de ciertas tendencias, más o menos predecibles. Estas oscilaciones también son comparadas por el periodista con las olas del mar, que periódicamente avanzan y se retraen, dependiendo de las mareas. Sólo cuando las tendencias lleguen a agotar casi por completo su fuerza, entonces habrá un cambio y la cíclica se reanudará desde el principio.

Dow, con el fin de organizar su teoría, estableció seis puntos clave de su análisis. La primera suposición de la teoría de Dow también coincide con uno de los principios básicos del análisis técnico, que es que los precios lo descuentan todo. Así que, según Dow, el precio en sí contiene toda la información, incluso aquellos que son difíciles de encontrar, y es suficiente analizarlo para conocer los acontecimientos económicos que lo caracterizaron.

El segundo punto de la Teoría Dow identifica tres tendencias posibles diferentes que pueden tomar el precio dentro del mercado financiero, que difieren exclusivamente en duración. El primer tipo se llama la tendencia primaria, que tiene una duración mucho más larga que las otras dos categorías, ya que puede seguir su oscilación de tendencia incluso para períodos superiores a un año. El segundo tipo se llama tendencia secundaria, que tiene una duración de entre noventa y ochenta días. El último tipo se llama finalmente una tendencia menor, que tiene una duración generalmente menor que el mes y que no siempre es fácilmente detectable en el mercado.

En el tercer punto, Dow procede en su Teoría desglosando cada tipo de tendencia en tres categorías adicionales, que se denominan fases, con el fin de facilitar la comprensión del mercado y la identificación de las motivaciones que empujan los precios hacia asumiendo una cierta tendencia. La primera de las tres fases es definida por Dow como la fase de Acumulación, y es crucial ya que durante este intervalo la tendencia comienza a tomar forma. Sin embargo, sólo unos pocos traders serán capaces de aprender acerca de la información económica y aprovechar al máximo esta conciencia. La tendencia todavía está en una de sus fases laterales y no muestra ninguna intención de variar su oscilación: por lo tanto, es imposible reconocer gráficamente que se está acumulando. La segunda fase, conocida como fase de participación, muestra en cambio los primeros signos que también se pueden distinguir gráficamente de la formación de una nueva tendencia, ya que hay un aumento inicial de los precios. La entrada cada vez mayor en el mercado de los traders, incluso aquellos no informados, empuja el nivel de precios más alto y más alto, hasta que esta influencia disminuye causando una desaceleración de la tendencia. Es sin duda la fase más favorable de la tendencia para los inversores, durante la cual el mercado tiene volúmenes de negociación y volatilidad muy altos. Por último, Dow define la tercera fase como una fase de distribución, y representa el intervalo de tiempo durante el cual el precio ha alcanzado su máximo y los inversores consideran que es el momento adecuado para cerrar las posiciones abiertas en Forex, invirtiendo la tendencia. Es una fase muy convulsiva, ya que los traders entraron en un estado de pánico, con el fin de poder vender la posición al mejor precio posible, y se inicia una carrera frenética hasta el fondo.

Mediante el análisis del índice ferroviario e industrial de Los Estados Unidos, Dow fue capaz de identificar una correlación directa entre los dos, lo que le permitió establecer el cuarto punto de su Teoría. Según Dow, de hecho, estos dos índices tienen un vínculo positivo indisoluble, de modo que no pueden confirmar un cambio de tendencia si esta situación sólo se observa en uno de los dos. Este concepto también se puede aplicar en el mercado Forex a las monedas de los diversos países.

El quinto punto prevé otro método de detección de la tendencia, que, según Dow, se deriva de la observación de los volúmenes de trading dentro del mercado. A veces incluso son capaces de anticipar la tendencia, pero necesitan ser analizados especialmente para confirmarla. De hecho, cada tendencia se asocia con un aumento significativo de los volúmenes, mientras que las etapas secundarias presentan reducciones sustanciales en la misma. Esto significa que sólo después de determinar la expansión de los volúmenes se puede confirmar que hay una tendencia.

El sexto punto de la Teoría Dow es quizás el más complicado. Afirma que cualquier tendencia debe considerarse como tal hasta que aparezca una señal clara de la inversión en el gráfico observado. Hasta entonces, especialmente para aquellos que adoptan una estrategia de tendencia siguiente, es necesario perseguir la tendencia. Es evidente que es difícil anticipar la reversión de la tendencia, especialmente cuando vemos una caída en el precio debido a una corrección financiera.

El Momentum y la Secuencia de Fibonacci

Una vez identificada la tendencia, cada inversor, con el fin de aumentar las posibilidades de éxito, debe analizar tanto su estructura como su intensidad. En particular, esta última característica, también conocida dentro de Forex como Momentum, le permite entender si la tendencia puede durar mucho tiempo o si se está quedando sin fuerza, desviandose hacia una fase lateral del mercado. También averiguar lo que es el Momentum, da a los traders la oportunidad de adivinar, a través del análisis de las llamadas divergencias del mercado, cuando se producirá el final de la tendencia.

El concepto de Momentum tiene vínculos profundos con la física y, en particular, con las tres leyes de Newton.

De hecho, es necesario imaginar que los precios son como cuerpos, mientras que los temas que influyen en Forex son las fuerzas: ambos componentes responden a las leyes de dinámica compuestas por el matemático inglés. Siguiendo este hilo lógico, los precios y los actores activos del mercado pueden convertirse en los protagonistas de las tres leyes de la dinámica. Según la primera ley, por lo tanto, los precios fluctúan dependiendo de las noticias económicas anunciadas, y siempre sobre la base de ella, los sujetos entrarán en el mercado. Para la segunda ley, sin embargo, el empuje y la intensidad de la tendencia será proporcional al número de sujetos que deciden comprar las posiciones. Por último, de acuerdo con la tercera ley, una vez alcanzado el punto máximo, la tendencia del precio experimentará un empuje igual, completamente opuesto, lo que dará lugar a un cambio de tendencia.

La correlación entre la física y los mercados financieros ayuda a entender la importancia del Momentum. De hecho, entendido como un cambio en la intensidad de la tendencia durante un período de tiempo determinado, experimenta aumentos en un momento en que la tendencia del precio está sujeta a grandes aceleraciones: un impulso alto por lo tanto indica que la tendencia continuará en el dirección de la tendencia.

El Momentum adquiere valores altos sólo en tres ocasiones: primero cuando se está formando la tendencia, o durante un cambio y finalmente durante las etapas laterales del mercado. El estudio de Momentum por lo tanto te permite adivinar cuál podría ser la tendencia de precios futuro, ayudando al trader a acumular beneficios. Actualmente se puede identificar el Momentum mediante el uso de ciertos indicadores, incluyendo medias móviles, bandas de Bollinger, RSI, ADX y el oscilador estoico.

Con el fin de identificar los posibles niveles que el precio puede tomar en el futuro inmediato, muchos traders deciden utilizar los llamados retrocesos de Fibonacci. Este último era un matemático italiano que vivía en 1200, que había identificado una especie de proporción entre dos elementos de cualquiera, incluso entre los presentes en la naturaleza, que poseen medidas diferentes. Fibonacci, basado en una sección hipotética de oro, identifica una secuencia de números, en la que cada dígito se da por la suma de los dos últimos números que lo preceden. Esta secuencia también se ha aplicado con éxito en el mundo del trading y hoy en día es una herramienta muy importante que los traders utilizan para analizar el mercado. El propósito de los retrocesos de Fibonacci es identificar ciertos puntos, que ninguna otra herramienta puede detectar, que podrían convertirse en soportes o resistencias. De esta manera el trader es capaz de anticipar un cambio de marcha, obteniendo ventajas considerables.

Sobrecompra y sobreventa

En Forex hay situaciones en las que los precios alcanzan ciertos niveles, ubicados en áreas particulares del mercado. En particular, el área de sobrecompra se refiere a un área donde la tendencia de precios ha aumentado excesivamente. Así que una vez que la tendencia ha llegado a esta área los traders esperan que haya una inversión de la tendencia que trae los precios de nuevo a un rango estándar.

Los precios llegan a estas áreas en ocasiones extraordinarias y permanecen allí por un tiempo relativamente corto. El aumento excesivo se debe a la lucha entre toros y osos que caracteriza al mercado financiero. Inicialmente, el aumento excesivo llevó a los toros, es decir, compradores, a cerrar sus posiciones abiertas en el mercado con el fin de obtener un beneficio. Al mismo tiempo, los osos, o vendedores, se aprovecharon de la situación vendiendo al aire libre. Todo esto se refleja gráficamente con un aumento inicial en la tendencia hacia el área de sobrecompra, y una inmersión posterior para un retorno a la normalidad.

Simétricamente, las áreas de sobreventa identifican las zonas a la baja en las que los precios han empujado, superando los límites mínimos periódicos. En este caso, los traders esperan un aumento que trae la tendencia de nuevo a la media estándar del período. Las motivaciones también son opuestas a las que crean aumentos en áreas de sobrecompra. En este caso los osos, debido al precio excesivamente bajo, decidieron cerrar sus posiciones, mientras que los toros suponían que la tendencia podría subir pronto, abriendo posiciones. Estas acciones han hecho hundir la tendencia más allá de la baja periódica, y luego la traen de vuelta a su rango estándar.

Capítulo 4 – Los Indicadores y osciladores

Con el fin de analizar Forex con más detalle, una serie de indicadores y osciladores se han puesto a disposición de los traders. Estos pretenden confirmar, o refutar, la credibilidad de cada señal recibida. No hay nada seguro en el mundo del trading. Así que es erróneo pensar que los indicadores y osciladores pueden predecir de alguna manera el futuro, indicando con certeza los valores que subirán a los precios. Deben ser considerados como herramientas de apoyo, que aumentan las posibilidades de ganar, pero que ciertamente no son infalibles.

Las Medias móviles

Las medias móviles son el indicador más utilizado para los inversores en Forex y otros mercados financieros. Gracias a este tipo de indicadores es de hecho posible delinear cuál es la tendencia que asumirá en el mercado, pero también generar algunas señales, para que el trader pueda abrir o cerrar rápidamente una determinada posición.

Las medias móviles se pueden dividir en tres subcategorías: la media móvil simple, la media ponderada y la media exponencial. Estos difieren dependiendo de cómo se calculan, dando mayor peso a los eventos del pasado lejano, como es el caso de la media móvil exponencial, o más reciente, como es el caso de la media móvil ponderada. Por lo tanto, el uso de medias móviles te permite identificar la tendencia primaria, reduciendo todas aquellas correcciones que distorsionan la atención del trader y que causan errores de valoración durante la actividad comercial.

Las Bandas de Bollinger

Usando las bandas de Bollinger, el trader puede detectar la volatilidad en el mercado y reportarlo directamente en el gráfico. Este indicador consta de tres líneas: la banda superior, la banda inferior y la línea de equilibrio. La primera banda se mueve por encima de la línea de precio, la segunda por debajo de la misma, mientras que la tercera sigue la media móvil de los valores de precio.

Este indicador tiene muchas funciones. En primer lugar, se utiliza para detectar la volatilidad del mercado: las bandas se vuelven más gruesas cuando la volatilidad es alta y se reducen a medida que la volatilidad adquiere valores bajos. Además, las bandas de Bollinger se utilizan para confirmar la intensidad de una tendencia determinada e identificar áreas de sobrecompra y sobreventa.

Por último, este oscilador le permite determinar las áreas en las que los soportes y resistencias están presentes. Esta herramienta puede ser muy útil especialmente cuando se utiliza en combinación con otros indicadores, para evaluar, y posiblemente confirmar, el significado de las señales de mercado.

El Relative Strenght Index

El índice Relative Strenght, más conocido por el acrónimo RSI, es un indicador clave para el trading, ya que te permite evaluar la velocidad correcta a la que cambian los precios. Es uno de los indicadores más utilizados que, aunque difícil de entender, es insertado por los brokers directamente en las plataformas para que los traders puedan utilizarlo sin dificultad.

El RSI te permite comprender el área de pertenencia a los precios en un momento específico y, en particular, identifica áreas de sobrecompra y sobreventa, permitiendo así a los inversores abrir posiciones correctamente. Generalmente, el rango en el que se mueve el índice de fuerza relativa está entre 0 y 100. Esto nos permite tener siempre datos objetivos, independientemente de la tendencia que observe. De hecho, este indicador asume valores específicos para indicar que la tendencia está en áreas particulares y específicamente: el RSI es mayor que 70 si el precio está en una zona de sobrecompra, y es menor que 30 si el precio está en una zona de sobreventa.

El Adverage Directional Index

Usando el Adverage Directional Index, puedes comprender la fuerza o intensidad real de una tendencia. Este indicador, también conocido por el acrónimo ADX, está representado gráficamente por una línea que oscila entre 0 y 100: la tendencia parece fuerte si el ADX asume valores mayores que 40, mientras que se considera congestionado cuando asume valores inferiores a 20.

Por lo tanto, utilizando este indicador no es posible entender si la tendencia es hacia arriba o hacia abajo, sólo si estás en una fase de tendencia o no. El ADX consta de tres líneas: la línea DI, calculada sobre la base de la diferencia entre el máximo del día actual y el del día anterior; línea –DI, calculada sobre la base de la diferencia entre el mínimo del día actual y el del día anterior; Línea ADX, que se basa en la relación entre las dos líneas anteriores. Sobre la base de los valores tomados por estas tres líneas, el trader puede adivinar si el mercado está o no en una fase de tendencia

El oscilador estoico

En caso de que el trader quiera identificar cuáles son los intervalos de tiempo caracterizados por la acumulación o la distribución del precio, entonces es necesario utilizar el oscilador estoico. Esta es una de las herramientas más poderosas de todo el análisis de mercado, capaz de entender lo que es probable para las tendencias de precios futuras.

El oscilador estoico examina la posición tomada por los precios de cierre: si se acercan a los niveles diarios más altos, entonces la tendencia probablemente será al alza, mientras que si se acercan a los mínimos diarios la tendencia tenderá a caer. Una vez más, el rango toma valores que oscilan entre el valor 0 y el valor 100.

El análisis del oscilador estoico se basa en dos elementos. En primer lugar, Curve %K, que relaciona los precios de cierre en un rango determinado, y en segundo lugar Curve %D, que opera en los niveles asumidos por la primera curva. En este caso, las áreas de sobrecompra se identifican en el caso de que el oscilador tome un valor mayor que 80, mientras que las de sobreventa cuando asume valores inferiores a 20.

En última instancia, con el oscilador estoico, es posible identificar, además de las áreas de sobrecompra y sobreventa, también las áreas que anticipan las reversiones de tendencia. También envía las señales al trader para abrir o cerrar la posición, en función de los datos obtenidos cruzando las curvas %K y %D.

Conclusiones

El análisis realizado en esta guía mostró que Forex puede resultar ser una apuesta ganadora, especialmente si se hace profesionalmente. Por supuesto, el riesgo de pérdidas nunca puede ser eliminado por completo, pero mediante la implementación de una estrategia eficiente, a través del estudio y análisis de los diversos indicadores, será posible reducir su impacto y proteger el capital invertido.

Ser consciente del riesgo es el primer paso clave para aumentar las posibilidades de lograr resultados positivos en el mercado Forex. Gracias a este tipo de límite será posible evitar sufrir pérdidas graves y obtener ganancias discretas al mismo tiempo.

www.ingramcontent.com/pod-product-compliance
Lightning Source LLC
Chambersburg PA
CBHW070436220526
45466CB00004B/1696